Retrouvez toute notre collection sur :

www.quellehistoire.com

La collection Hera

pour tout connaître des grands mythes et légendes

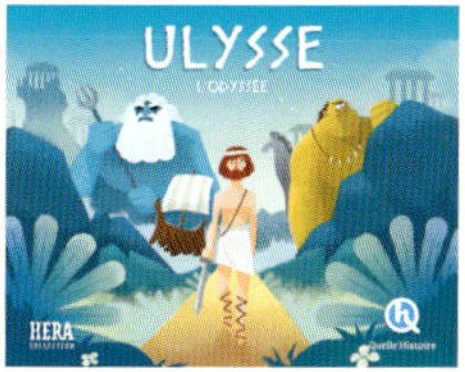

À découvrir également

dans la collection Histoire junior

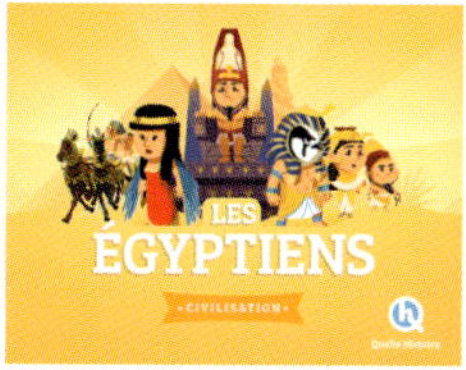

Quelle Histoire

Édition et conception : Quelle Histoire SAS. 22, Villa de Lourcine 75014 Paris
Illustrations : Bruno Wennagel, Mathieu Ferret
Textes : Albin Quéru

Siège social : 22, Villa de Lourcine 75014 Paris

www.quellehistoire.com
contact@quellehistoire.fr

Fabriqué par Labelfab / Imprimé en France par Stin Imprimerie - Toulouse

Dépôt légal avril 2013

Loi n°49-956 du 16 juillet 1949 sur les publications destinées à la jeunesse

PEFC 10-31-2841

FABRIQUÉ EN FRANCE

Napoléon

Enfance

À Ajaccio, en Corse, naît le 15 août 1769 un petit garçon. Ses parents, Charles et Laetizia Bonaparte, l'appellent Napoléon. Pour en faire un soldat, ils lui font traverser la Méditerranée. À l'école de Brienne, on lui fait vite oublier son patois corse et il devient l'un des meilleurs élèves, notamment en batailles de boules de neige...

1769

Le Pont d'Arcole

Après de brillantes études, Napoléon est devenu général. Il est envoyé dans le nord de l'Italie pour combattre les Autrichiens. Sur le pont d'Arcole, il prend héroïquement la tête de ses troupes et remporte sa première grande victoire !

1796

L'Égypte

Napoléon embarque ensuite pour l'Égypte. Arrivé au pied des Pyramides, il écrase les Mamelouks, redoutables guerriers ! Il a amené avec lui 200 savants qui étudient les animaux, les plantes et les monuments. Mais, inquiet de ce qui se passe en France, il quitte son armée et reprend secrètement le bateau pour rejoindre Paris.

1798

Le Consulat

Rentré à Paris, Napoléon s'empare du pouvoir et devient Premier Consul. Son œuvre est énorme : il réorganise le pays, crée de nouvelles lois, des lycées, relance la monnaie et fait construire des monuments à la gloire de son armée comme la colonne Vendôme à Paris... Aidé par son ministre Talleyrand, il signe même la paix avec les Autrichiens et les Anglais ! Le pays va mieux et le peuple l'acclame.

1799

Le Sacre

Tout réussit à Napoléon, il décide alors de devenir Empereur... Nous sommes le 2 décembre 1804, il y a foule à Notre-Dame, le pape lui même est venu de Rome. Allant à l'encontre de la tradition, Napoléon se couronne lui même... Il est désormais l'homme le plus puissant de France et même d'Europe. Mais sa domination agace les autres pays... L'Angleterre se rapproche de l'Autriche et de la Russie pour combattre l'empereur.

1804

Austerlitz

Les Anglais déclarent la guerre à la France et infligent une terrible défaite à la flotte française à Trafalgar. Les Russes et les Autrichiens en profitent pour attaquer à l'Est, mais, à Austerlitz, les troupes de Napoléon remportent une victoire éclatante : l'empereur est au sommet de sa gloire !

1805

La Guerre d'Espagne

En 1808, Napoléon impose son frère Joseph sur le trône d'Espagne. Le peuple espagnol se révolte et attaque un peu partout les soldats français. L'armée souffre et les Anglais prennent pied en Espagne.

1808

La Débâcle de Russie

Napoléon envahit ensuite la Russie. Malgré des débuts victorieux, la campagne tourne au fiasco. L'armée ne résiste pas à l'hiver russe et doit battre en retraite... Après cette terrible défaite, les alliés de Napoléon se retournent contre lui. Le 6 avril 1814, malgré une résistance acharnée, il est obligé d'abdiquer et est exilé sur l'île d'Elbe.

1812

Waterloo

Très vite, Napoléon s'échappe de l'île d'Elbe et rentre en France. Il regroupe son armée pour combattre les Anglais et les Prussiens à Waterloo en Belgique. Les carrés anglais et la cavalerie prussienne viennent à bout de l'armée française. Napoléon est battu définitivement.

1815

Sainte-Hélène

Les Anglais décident d'exiler Napoléon à Sainte-Hélène, une petite île rocheuse perdue au milieu de l'Atlantique. L'empereur déchu y termine sa vie, seul et abandonné de ses amis...

1821

1760

1769 Naissance de Napoléon

1779 Entrée au collège de Brienne

1789 Révolution française

1793 Siège de Toulon

1796 Mariage avec Joséphine

1798 Campagne d'Egypte

1799 Coup d'État du 18 Brumaire

1802 Création de la Légion d'Honneur

1804 Sacre de Napoléon Ier

1805 Victoire d'Austerlitz

1805 Défaite de Trafalgar

1806
Blocus économique de l'Angleterre

1806
Victoire d'Iéna

1808
Invasion de l'Espagne

1809
Victoire de Wagram

1812
Campagne de Russie

1814
Première abdication

1814
Exil sur l'île d'Elbe

1815
Défaite de Waterloo

1815
Exil sur l'île de Ste Hélène

1821
Mort de Napoléon

1830

L'empire de Napoléon

Légende de

LA CARTE

1 Ajaccio, Corse

C'est à Ajaccio, en Corse qu'est né Napoléon. Pendant longtemps il reste très attaché à son île natale, il envisage même de lui rendre son indépendance !

2 Sacre à Notre-Dame

Après avoir remporté de très grandes batailles, Napoléon décide de devenir empereur des Français ! Il est sacré le 2 décembre 1804 à Notre-Dame de Paris.

3 Bataille de Trafalgar

En 1805 la flotte anglaise attaque la flotte française à Trafalgar au sud de l'Espagne. C'est une écrasante victoire pour les Anglais de l'Amiral Nelson.

4 Bataille d'Austerlitz

Un an jour pour jour après son sacre, Napoléon remporte à Austerlitz l'une des plus grandes batailles de l'histoire. Son armée, inférieure en nombre écrase l'armée russe.

5 Campagne de Russie

En 1812, Napoléon se lance à la conquête de la Russie. Le froid, la fatigue et les privations viennent à bout de la Grande Armée. C'est une défaite terrible pour l'empereur.

6 Bataille de Waterloo

De retour d'exil, Napoléon tente de reprendre le pouvoir. Il affronte les Anglais et les Prussiens à Waterloo. L'armée française est battue après une bataille très violente.

Empire Français

Pays dépendants de la France

Royaume Uni

Prusse

Empire d'Autriche

Empire Russe

Joséphine

(1763-1814)

Joséphine rencontre Napoléon à Paris et l'épouse. Elle est couronnée impératrice à Notre-Dame en 1804. Elle ne parvient pas à donner d'enfant à l'empereur et ce dernier demande le divorce.

Talleyrand

(1754-1838)

Talleyrand occupe un poste de diplomate sous Napoléon. Surnommé le « Diable boiteux », Talleyrand est un personnage passionnant, visionnaire et brillant. Il finit par rallier la cause de Louis XVIII.

Maréchal Ney

(1769-1815)

Nommé maréchal de France en 1804, Ney s'illustre dans plusieurs batailles telles qu'Austerlitz ou Iéna. Lors de la terrible retraite de Russie, il parvient à sauver les restes de l'armée en assurant l'arrière garde.

Alexandre Ier

(1777-1825)

Battu par les Français à Austerlitz, Eylau et Friedland, il se rapproche ensuite de Napoléon. Mais, en 1812, Napoléon envahit la Russie : la paix est donc rompue et le tsar s'allie finalement avec l'Angleterre et la Prusse.

Le Jeu du

CHERCHE & TROUVE

Cherche et trouve les éléments suivants dans le décor de droite :

Napoléon

Le perroquet

Le balayeur

Le tonneau largué

La momie 1

La momie 2

La momie 3

Le pirate

Le skieur

La bouée canard

La taupe

Le taggeur

Un slip perdu

Le crocodile

Le chateau de sable

Le dromadaire malade

La balançoire

Le fantôme

L'homme enterré

Nelson

Le Jeu des

7 ERREURS

Trouve les 7 différences entre l'image de gauche et l'image de droite.

Solution : la mouette ; la cicatrice ; le bouton de manchette ; la moustache ; la cocarde ; le fusil ; la plume du chapeau

Le Jeu du

LABYRINTHE

Aide Napoléon à retrouver son chapeau.

Le Jeu des
OMBRES

Retrouve la bonne ombre de Napoléon.

Bonne réponse : l'ombre a

Le Jeu du QUIZ

1. Où est né Napoléon ?

   a. En Bretagne
   b. En Corse
   c. En Italie
   d. À Paris

2. En Égypte, Napoléon amène avec lui des...

   a. savants
   b. singes
   c. momies
   d. croissants

3. Sur quelle île Napoléon a-t-il été exilé par les Anglais ?

   a. La Corse
   b. L'île de Pâques
   c. Sainte-Hélène
   d. L'Angleterre

Bonnes réponses : 1.b / 2.a / 3.c